La Belle au bois dormant

Texte de Noélie Copain.

Illustrations : Laura Tavazzi

Piccolia

Il était une fois, un roi et une reine très heureux d'accueillir leur premier enfant. Pour présenter au monde la belle petite princesse, ils convièrent au château leurs sujets, les souverains voisins et toutes les fées du royaume. Toutes ? Pas exactement ! Ils se gardèrent bien d'envoyer une invitation à la vilaine fée qui vivait retirée dans une sinistre forêt, plongée dans sa magie noire…

Pour l’occasion, le château fut décoré de mille et un bouquets de fleurs et de guirlandes en soie. Lors de la fête, chaque invité vint près du berceau de la petite Aurore pour la chatouiller, l’embrasser, la bercer. Les sept fées s’approchèrent en dernier. Elles souhaitaient offrir en cadeau à la princesse sept enchantements.

Tour à tour, elles lui offrirent l'intelligence, la beauté, la grâce, la gentillesse, la générosité et le courage. Quand elles faisaient onduler leur baguette, une fine pluie d'étincelles dorées tombait sans bruit sur la tête de l'enfant. Soudain, alors que la septième fée allait offrir à la princesse son vœu de bonheur, les portes du château s'ouvrirent en grand et la vilaine fée apparut. Elle était très fâchée de ne pas avoir été invitée !

« Je tiens à faire un don à la petite princesse, moi aussi », dit-elle avec un sourire diabolique.
Elle avança jusqu'au berceau et pointa son bâton maléfique sur l'enfant.
« Le jour de son dix-huitième anniversaire, la princesse se piquera le doigt sur un fuseau et elle en mourra ! »
Tout le monde frémit en entendant ce terrible sortilège. La vilaine fée disparut dans un nuage de fumée noire, aussi vite qu'elle était arrivée.

La reine était si bouleversée qu'elle s'évanouit.
« Quel désespoir ! gémit le roi.
- Attendez ! dit la plus jeune des fées. Je n'ai pas encore fait don de mon enchantement à la princesse. Je ne suis pas assez puissante pour éviter ce drame mais je peux le modérer : Aurore se piquera le doigt à un fuseau mais elle ne mourra pas. Elle tombera dans un profond sommeil qui durera cent ans et seul un véritable baiser d'amour pourra la réveiller. »

Le roi ordonna de brûler tous les fuseaux et les aiguilles du royaume.
Il espérait que son autorité suffirait à protéger sa fille bien-aimée.
Les années passèrent et l’on n’entendit plus parler de la vilaine fée.
La princesse grandit heureuse et devint une merveilleuse jeune fille, qui faisait honneur aux doux enchantements qu’elle avait reçus à la naissance.

Le jour de ses dix-huit ans, une grande fête fut organisée dans la plus grande insouciance. Personne n'avait fabriqué, utilisé ou même aperçu un fuseau depuis si longtemps que l'on n'imaginait pas que l'événement puisse être gâché par le vieux maléfice.

Les invités affluaient de toutes parts. Aurore allait à sa chambre se préparer quand elle découvrit un mystérieux escalier. Il menait tout en haut d'une tour qu'elle n'avait jamais vue auparavant. Pourtant, elle connaissait le château comme sa poche ! Aurore était très curieuse et, comme l'avait voulu l'une de ses fées marraines, courageuse. Elle grimpa donc sans hésiter les vieilles marches de pierre.

La princesse arriva dans une pièce secrète. À l'intérieur, une vieille femme filait de la laine. Aurore, qui n'avait jamais rien vu de tel, était émerveillée.
« Quel est cet objet avec lequel vous confectionnez un si beau tissu ? demanda-t-elle.
- C'est un fuseau, chère princesse. Le dernier de tout le royaume. Voulez-vous l'essayer ? »
Aurore ne se fit pas prier. Mais, dans sa précipitation, elle se piqua le doigt avec l'aiguille.
« Aïe ! » cria-t-elle.

Soudain, sa tête se mit à tourner et une irrésistible fatigue pesa sur ses paupières. Elle plongea dans un profond sommeil sous les ricanements de la vieille femme, qui n’était autre que la méchante fée ! Sa vengeance enfin accomplie, elle disparut dans un nuage de fumée noire, et avec elle la laine, le fuseau et même la tour de pierre.

Le cœur du roi et de la reine se brisa lorsqu'ils trouvèrent le corps inanimé de leur fille adorée. Ah ! Si seulement ils avaient été plus méfiants encore ! Ils installèrent la princesse dans sa chambre, sur son lit aux draps de soie, et la veillèrent jour et nuit en espérant qu'elle se réveille. Mais Aurore ne bougeait pas d'un cil.

Quand les sept fées apprirent la terrible nouvelle, elles décidèrent ensemble d'endormir tous les habitants du château.

« Ainsi, le jour où la princesse se réveillera, elle retrouvera sa famille. »

Hop ! Un coup de baguette magique et tout le monde s'endormit : les gardes, les valets, les chevaliers, le cuisinier, le roi, la reine et même les chiens de chasse.

Cent ans s'écoulèrent sans que personne n'ouvre l'œil dans le château. Des ronces acérées recouvrirent les jardins, de la mousse tapissa le bassin des fontaines et du lierre envahit les remparts, jusqu'au toit de tuiles.

Un jour, alors que la belle au bois dormant avait été oubliée de tous, un beau prince qui chassait dans les environs aperçut le sommet d'une tour dépasser des broussailles. Son cheval fatigué avait besoin d'un peu d'eau. Curieux, il s'approcha pour trouver une entrée.

À sa grande surprise, les arbres et les ronces s'écartèrent sur son passage. Comment cela était-il possible ? Il l'ignorait mais son cœur pur était le seul digne de mettre fin au sortilège. Il avança prudemment, son épée à la main, prêt à défier pillards et dragons susceptibles de surgir à tout moment.

Il poussa la porte poussiéreuse et n’en crut pas ses yeux. Partout à l’intérieur, des personnes semblaient dormir profondément. Aucune ne sursauta au son de ses bottes sur le sol de pierre. Le prince croisa un garde appuyé sur sa lance, des jeunes gens enlacés arrêtés en pleine danse, puis un musicien dont la mandoline était recouverte d’une toile d’araignée.

Un peu plus loin, des serveurs dormaient sur leur plateau renversé, et le cuisinier portait la marque de sa louche sur la joue. Le valeureux prince continua d'explorer le château, jusqu'à arriver à la chambre de la princesse.

Dès qu’il approcha du lit où reposait Aurore, le cœur du prince s’emballa. Jamais il n’avait vu de princesse aussi belle, même lors de ses nombreux voyages. Il en oublia son cheval assoiffé, toute la cour endormie, la chasse qu’il devait terminer et toutes les guerres qu’il avait menées. Il se pencha et déposa un tendre baiser sur les lèvres de la belle au bois dormant.

Soudain, sans comprendre par quelle magie, la princesse se réveilla !
Ses yeux se posèrent tout de suite sur le doux visage du prince et elle sentit ses joues rougir.
« Ça alors, mon prince, ai-je dormi si longtemps pour vous croire sorti tout droit d'un rêve ?
- Chère princesse, je viens d'arriver et votre sommeil, déjà, m'a semblé durer une éternité ! »

Tout le château se réveilla à la suite de la princesse. Le roi et la reine mirent du temps à retrouver leurs esprits et à se souvenir du maléfice qui les avait plongés dans un si long sommeil. Avaient-ils vraiment dormi cent ans ? Ils se précipitèrent dans la chambre d'Aurore pour la serrer dans leurs bras.

Tous les habitants du château se préparèrent à célébrer le mariage de la princesse et de son prince, mais aussi la fin d'une longue nuit. Et ils étaient en pleine forme ! Le château brilla à nouveau de mille feux et dans ses couloirs retentirent enfin des rires et des musiques joyeuses.
Discrètement, les sept fées marraines secouèrent leur baguette au-dessus des jeunes mariés pour leur offrir sept enchantements : l'amour éternel, le bonheur, la tendresse, la bienveillance, la force, la patience et... sept jolis petits enfants !